Richard Scarry's LITTLE ABC

Random House New York

 Published in the United States by Random House, Inc., New York, and simultaneously in Canada by Random House of Canada Limited, Toronto. ISBN: 0-394-83340-6. *Library of Congress Catalog Card Number:* 76-11680. Manufactured in the United States of America.

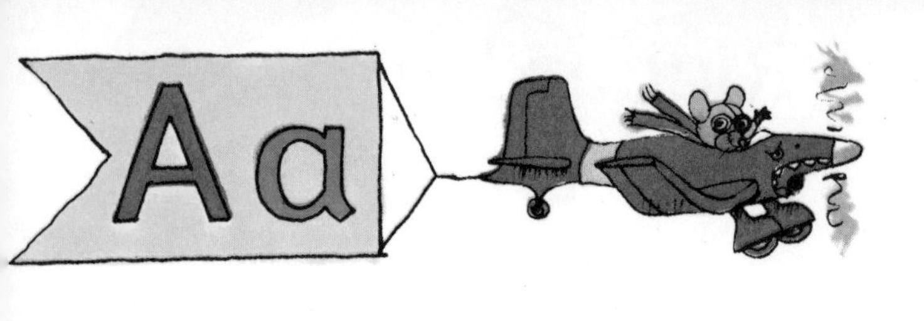

ambulance

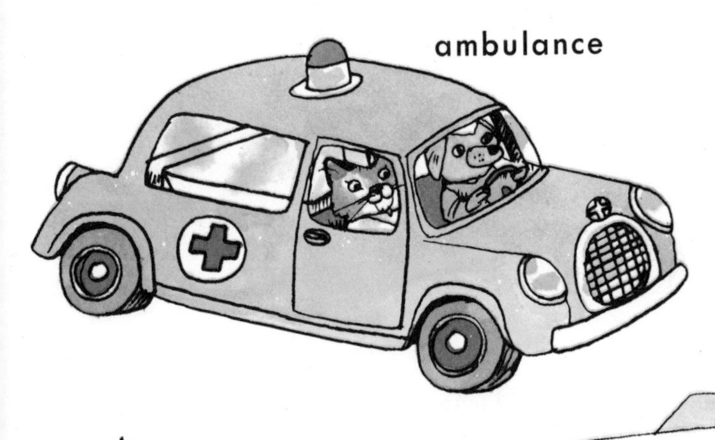

airliner

archer

apple

alligator
airplane
airport
TAXI
artist
ants
a
b
c
d
e
f
g
h
i
j
k
l
m
n
o
p
q
r
s
t
u
v
w
x
y

Bb
balloons
bag
bench
box
barge

BARBER
BAKERY
broom
bell buoy
7
bunny
boat
bottle
a
b
c
d
e
f
g
h
i
j
k
l
m
n
o
p
q
r
s
t
u
v
w
x
y
z

Cc
car
cook

a b c d e f g h i j k l m n o p q r s t u v w x y z

doctor
Dd
doughnuts
drum
driver
drummer
dump truck

delivery man
DOUGHNUTS
digger
DANGER
ditch
a
b
c
d
e
f
g
h
i
j
k
l
m
n
o
p
q
r
s
t
u
v
w
x
y
z

Ee
engine
elephant

electric bulb
earring
envelope
egg cup
eggs
Easter egg
Easter bunny
a
b
c
d
e
f
g
h
i
j
k
l
m
n
o
p
q
r
s
t
u
v
w
x
y
z

Ff
fish
farmer
flies
frog
field
mouse
fox

fireman
fire truck

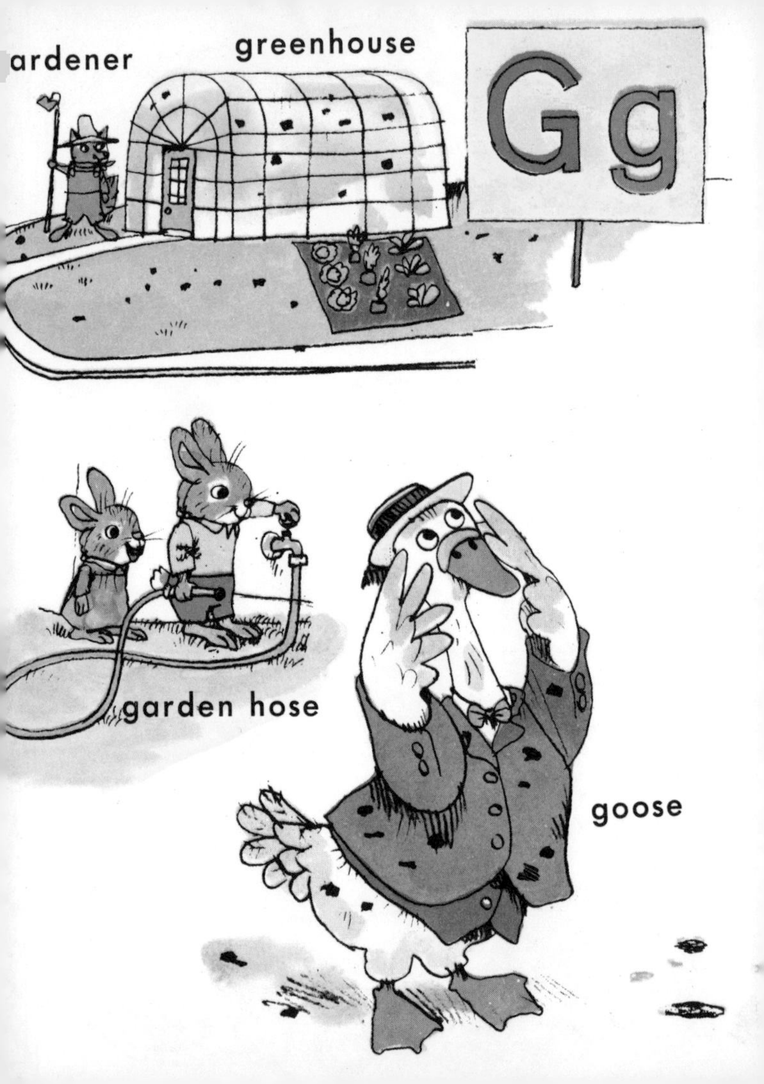
ardener
greenhouse
Gg
garden hose
goose

grease gun
grease
Garage
goat

H
h
high hat
hen
horn

helicopter
house

I i
inn
INN
ice-cream
cones
island
Indian
ICE
CREAM
ice-cream
cart

J j
jeep
jumper
jars
jam
juggler
jester
jug
a
b
c
d
e
f
g
h
i
j
k
l
m
n
o
p
q
r
s
t
u
v
w
x
y
z

Kk
king
key
knife
kitten

a
b
c
d
e
f
g
h
i
j
k
l
m
n
o
p
q
r
s
t
u
v
w
x
y
kitchen
kangaroo
kiss

Ll
lights
logs
light bulb
lamp post
lawn mower
ladder
lollipop

locomotive
leapfrog
laundry
lizard
a
b
c
d
e
f
g
h
i
j
k
l
m
n
o
p
q
r
s
t
u
v
w
x
y
z

mice
Mm
mother
motorboat
mechanic

melons
milk
mallard
mallet
match
manhole
mop
a
b
c
d
e
f
g
h
i
j
k
l
m
n
o
p
q
r
s
t
u
v
w
x
y
z

Nn
notebook
10
nozzle
nails

nurse
newspaper
nine nuts
nose
a
b
c
d
e
f
g
h
i
j
k
l
m
n
o
p
q
r
s
t
u
v
w
x
y

Oo
1
one
owl
octopus
oil can
OIL
opener
oak leaf

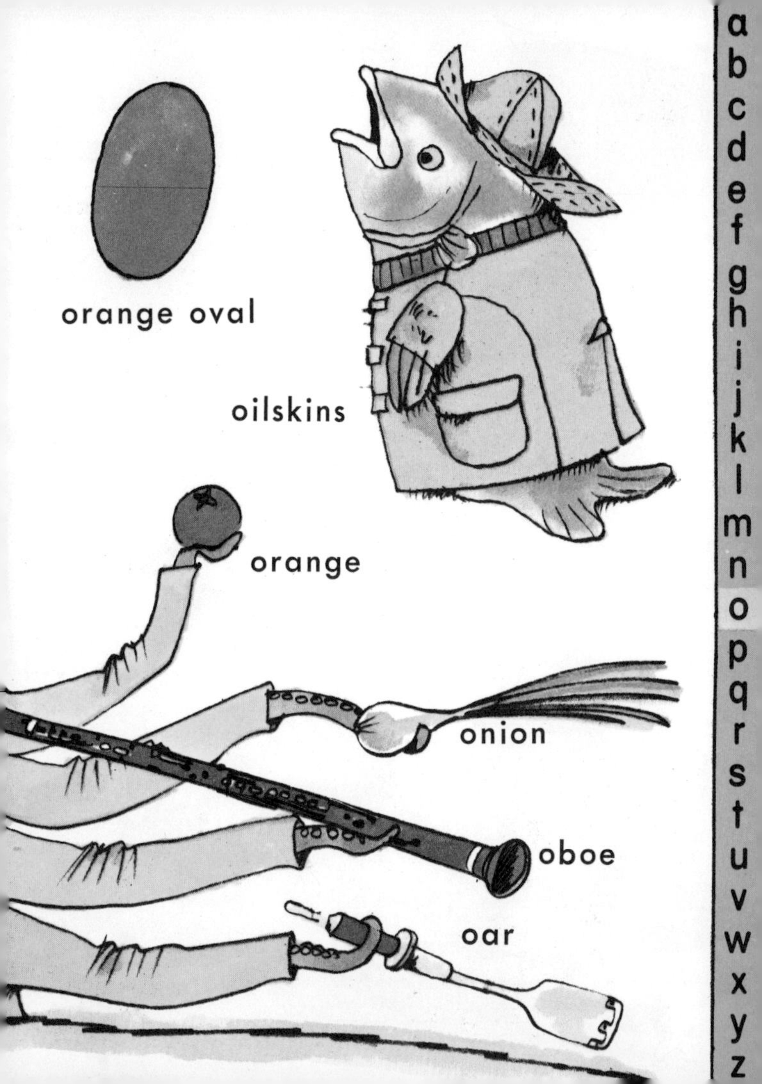
orange oval
oilskins
orange
onion
oboe
oar
a b c d e f g h i j k l m n o p q r s t u v w x y z

Pp
paper hat
pelican
pig
paint pot
painter
power shovel
piccolo
player

postman
pram
parrot
puffin
penguin
package
a
b
c
d
e
f
g
h
i
j
k
l
m
n
o
p
q
r
s
t
u
v
w
x
y
z

Q q
quintuplets
BUS STOP
queue

quoits
queen in a quilt
a
b
c
d
e
f
g
h
i
j
k
l
m
n
o
p
q
r
s
t
u
v
w
x
y

Rr
Ring around a rosy
rabbit
rhino

railway station
rose
raft
rooster
rowboat
raven
a
b
c
d
e
f
g
h
i
j
k
l
m
n
o
p
q
r
s
t
u
v
w
x
y
z

Ss
sausages
sandwich
salami
scissors
spoon
sifter

SOAP
sponge
soup
stilts
spaghetti
salt
a
b
c
d
e
f
g
h
i
j
k
l
m
n
o
p
q
r
s
t
u
v
w
x
y
z

Tt
twins
tricycle
tomatoes
tire
tractor
telephone booth
TELEPHONE

trumpet
tepee
tow truck
tree trunk
turtle
tub
TAXI
TAXI
a
b
c
d
e
f
g
h
i
j
k
l
m
n
o
p
q
r
s
t
u
v
w
x
y
z

Uu
underwear
umbrella

upside-down pilot
uniform
underwater car
a b c d e f g h i j k l m n o p q r s t u v w x y

Vv
MILK
van
vegetables
valentine
To
Miss Honey
from
Bruno
violinist

village
volcano
vacuum cleaner
Viking
a
b
c
d
e
f
g
h
i
j
k
l
m
n
o
p
q
r
s
t
u
v
w
x
y
z

Ww
wig
walrus
wolf
watch
witch
warriors
watermelon
wheelbarrow

a b c d e f g h i j k l m n o p q r s t u v w x y z

Xx
Yy
yacht

xylophone
yak
Yo-Yo
a
b
c
d
e
f
g
h
i
j
k
l
m
n
o
p
q
r
s
t
u
v
w
x
y
z

Z z
Z-Z-Z-Z-Z
zebra
zigzag